AF194449

Impressum
Verlag: BABADADA GmbH, Nedderfeld 112 , 22529 Hamburg
Geschäftsführer / Verlagsleitung: Harald Hof
Druck: Books on Demand GmbH, In de Tarpen 42, 22848 Norderstedt

Imprint
Publisher: BABADADA GmbH, Nedderfeld 112 , 22529 Hamburg, Germany
Managing Director / Publishing direction: Harald Hof
Print: Books on Demand GmbH, In de Tarpen 42, 22848 Norderstedt

school

escuela

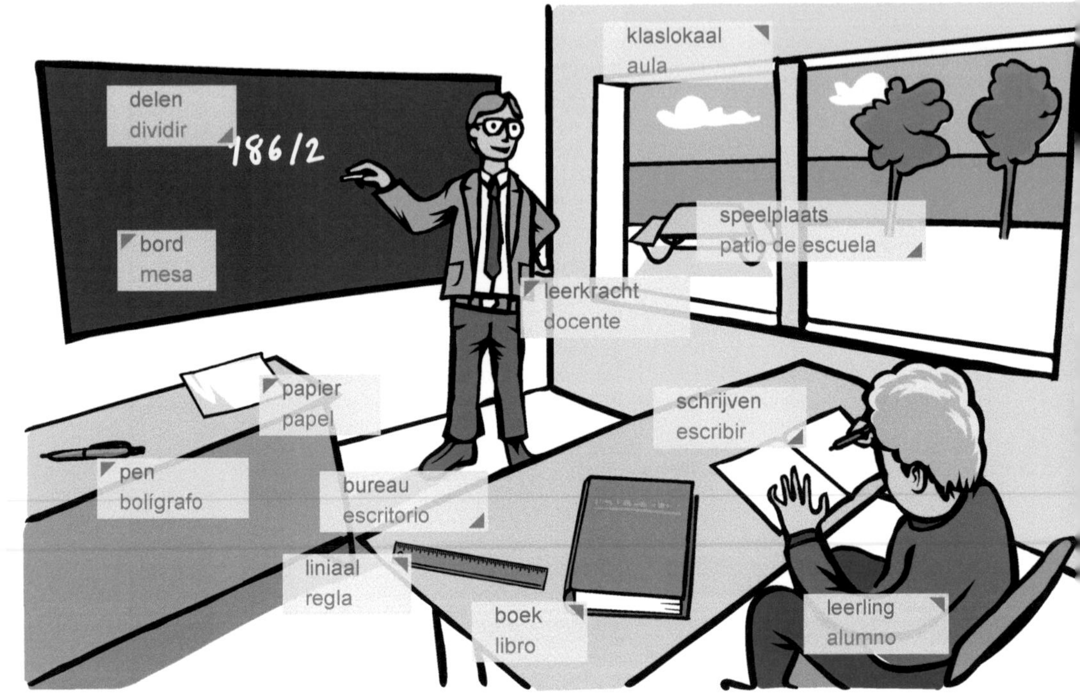

klaslokaal
aula
delen
dividir
186/2
bord
mesa
speelplaats
patio de escuela
leerkracht
docente
papier
papel
schrijven
escribir
pen
bolígrafo
bureau
escritorio
liniaal
regla
boek
libro
leerling
alumno

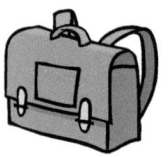

schooltas
mochila escolar

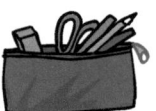

pennenzak
caja de lápices

potlood
lápiz

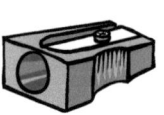

puntenslijper
sacapuntas

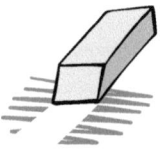

gom
goma de borrar

tekenblok
bloc de dibujo

tekening

dibujo

verfborstel

pincel

verfdoos

caja de pinturas

schaar

tijera

lijm

pegamento

werkboek

libro de ejercicios

huiswerk

tarea

nummer

número

optellen

sumar

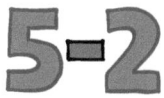

aftrekken

restar

vermenigvuldigen

multiplicar

rekenen

calcular

letter

letra

alfabet

alfabeto

woord

palabra

tekst

texto

Lezen

leer

krijt

tiza

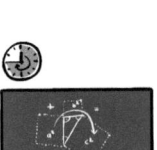

les

lección

klassenboek

libro de clase

examen

examen

certificaat

certificado

schooluniform

uniforme escolar

onderwijs

educación

encyclopedie

enciclopedia

universiteit

universidad

microscoop

microscopio

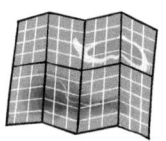

kaart

mapa

papiermand

cesto de papeles

reis
viaje

hotel
hotel
Grand
jeugdherberg
albergue
ROOMS
wisselkantoor
casa de cambio
EXCHANGE
koffer
maleta
auto
auto

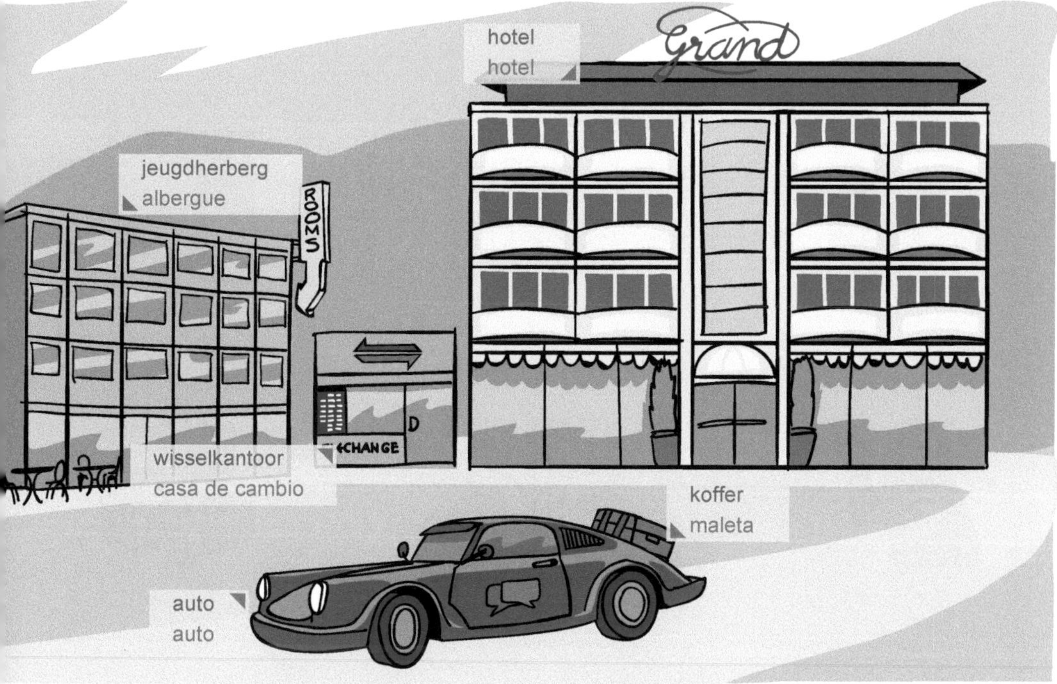

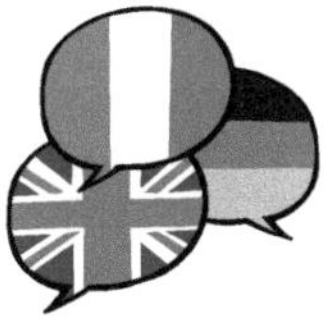

Taal

idioma

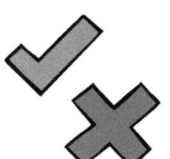

ja / nee

sí / no

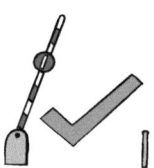

oké

ok

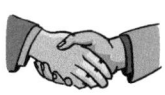

hallo

hola

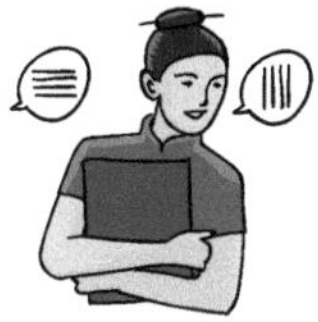

vertaler

intérprete

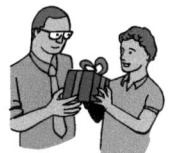

bedankt

gracias

Hoeveel kost ...?

¿Cuánto cuesta...?

Ik begrijp het niet

No entiendo

probleem

problema

Goedenavond!

¡Buenas tardes!

Goedemorgen!

¡Buenos días!

Goedenavond!

¡Buenas noches!

Tot ziens

adiós

richting

dirección

bagage

equipaje

zak

bolso

rugzak

mochila

gast

invitado

kamer

cuarto

slaapzak

saco de dormir

tent

tienda de campaña

toeristeninformatie

información al turista

strand

playa

kredietkaart

tarjeta de crédito

ontbijt

desayuno

lunch

almuerzo

avondeten

cena

ticket

pasaje

lift

ascensor

postzegel

sello

grens

límite

douane

aduana

ambassade

embajada

visum

visa

paspoort

pasaporte

transport
transporte

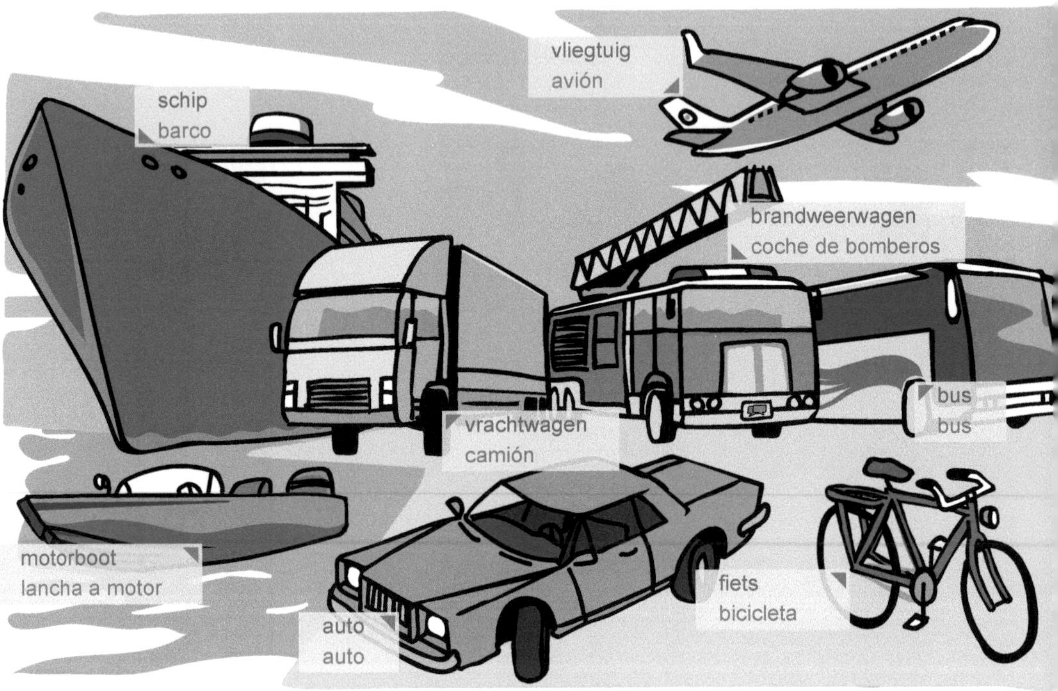
vliegtuig
avión
schip
barco
brandweerwagen
coche de bomberos
bus
bus
vrachtwagen
camión
motorboot
lancha a motor
fiets
bicicleta
auto
auto

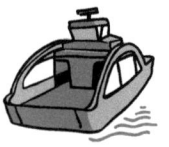

veerboot

balsa

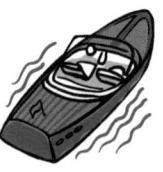

boot

lancha

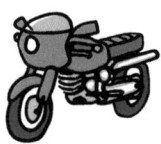

motor

motocicleta

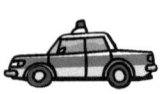

politiewagen

auto de policía

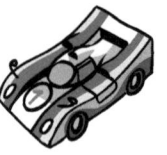

racewagen

auto de carreras

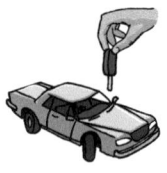

huurauto

auto de alquiler

carpoolen

alquiler de autos

sleepwagen

grúa

vuilniswagen

vehículo recolector de basura

motor

motor

benzine

gasolina

benzinestation

gasolinera

verkeersbord

señal de tráfico

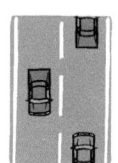

verkeer

tránsito

file

atasco

parkeerplaats

estacionamiento

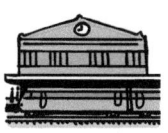

station

estación de tren

sporen

carril

trein

tren

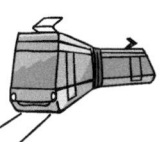

tram

tranvía

wagon

vagón

helikopter

helicóptero

luchthaven

aeropuerto

toren

torre

passagier

pasajero

container

contenedor

karton

caja de cartón

kar

carro

mand

cesta

opstijgen / landen

despegar / aterrizar

stad

ciudad

dorp

aldea

stadscentrum

centro de la ciudad

huis

casa

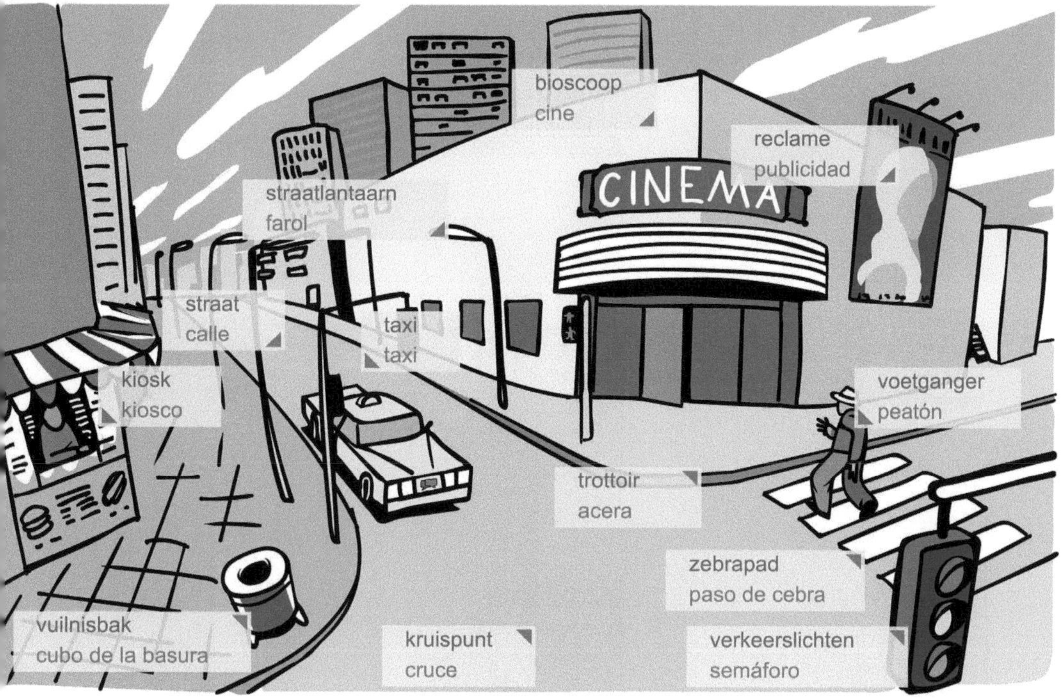
bioscoop
cine
reclame
publicidad
CINEMA
straatlantaarn
farol
straat
calle
taxi
taxi
kiosk
kiosco
voetganger
peatón
trottoir
acera
zebrapad
paso de cebra
vuilnisbak
cubo de la basura
kruispunt
cruce
verkeerslichten
semáforo

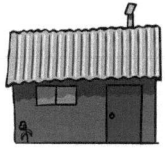

hut

cabaña

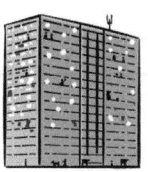

woning

apartamento

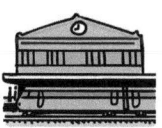

station

estación de tren

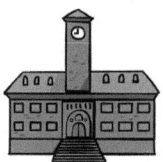

stadshuis

ayuntamiento

MUSEUM

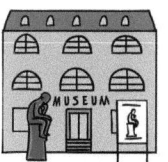

museum

museo

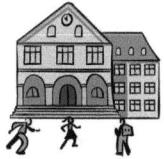

school

escuela

universiteit

universidad

bank

banco

ziekenhuis

hospital

hotel

hotel

apotheek

farmacia

kantoor

oficina

boekwinkel

librería

winkel

negocio

bloemenwinkel

florería

supermarkt

supermercado

markt

mercado

warenhuis

grandes almacenes

vishandelaar

pescadería

winkelcentrum

centro comercial

haven

puerto

park
parque

bank
banco

brug
puente

trap
escalera

metro
metro

tunnel
túnel

bushalte
parada de autobuses

bar
bar

restaurant
restaurante

brievenbus
buzón de correo

straatnaambord
letrero

parkeermeter
parquímetro

zoo
zoológico

zwembad
piscina

moskee
mezquita

boerderij
granja

milieuverontreiniging
polución

kerkhof
cementerio

kerk
iglesia

speelplaats
parque infantil

tempel
templo

landschap
paisaje

blad
hoja

wegwijzer
indicador de camino

weg
sendero

weide
pradera

steen
piedra

boom
árbol

wandelaar
caminante

rivier
río

gras
pasto

bloem
flor

vallei

valle

heuvel

montaña

meer

lago

bos

bosque

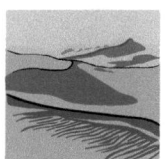

woestijn

desierto

vulkaan

volcán

kasteel

castillo

regenboog

arco iris

paddenstoel

seta

palmboom

palmera

mug

mosquito

vlieg

mosca

mier

hormiga

bijl

abeja

spin

araña

kever

escarabajo

kikker

rana

eekhoorn

ardilla

egel

erizo

haas

liebre

uil

lechuza

vogel

pájaro

zwaan

cisne

wild zwijn

jabalí

hert

ciervo

eland

alce

dam

embalse

windturbine

aerogenerador

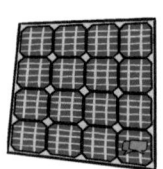

zonnepaneel

módulo solar

klimaat

clima

restaurant
restaurante

ober
camarero

menu
carta del menú

stoel
silla

pizza
pizza

soep
sopa

bestek
cubiertos

tafelkleed
mantel

voorgerecht
entrada

hoofdgerecht
plato principal

nagerecht
postre

drankjes
bebida

eten
comida

fles
botella

fastfood

comida rápida

street food

comida callejera

theepot

tetera

suikerpot

azucarera

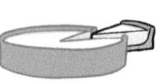

portie

porción

espressomachine

máquina de espresso

kinderstoel

silla alta

rekening

factura

dienblad

bandeja

mes

cuchillo

vork

tenedor

lepel

cuchara

theelepel

cuchara de té

serviette

servilleta

glas

vaso

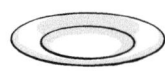

bord

plato

soepbord

plato de sopa

schoteltje

platillo

saus

salsa

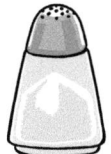

zoutvatje

salero

pepermolen

molinillo para pimienta

azijn

vinagre

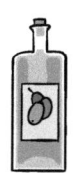

olie

aceite

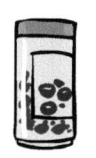

kruiden

especias

ketchup

ketchup

mosterd

mostaza

mayonaise

mayonesa

supermarkt
supermercado

aanbieding
oferta
FOR
klant
cliente
zuivelproducten
productos lácteos
fruit
fruta
winkelwagen
carrito de compras

BUTCHERS

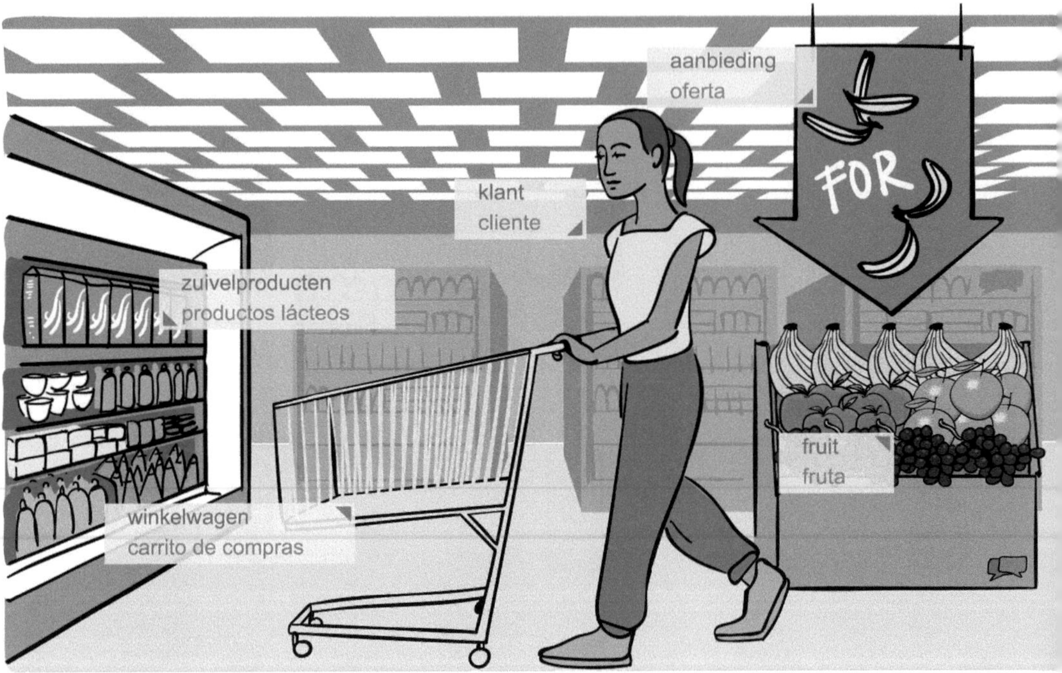

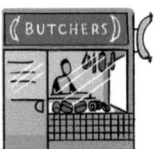

slagerij

carnicería

BAKERY

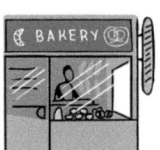

bakkerij

panadería

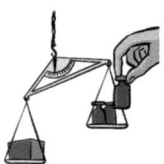

wegen

pesar

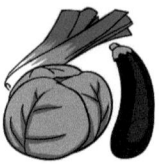

groenten

verdura

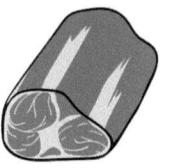

vlees

carne

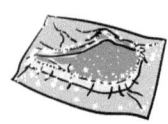

diepvriesvoedsel

alimentos congelados

charcuterie

fiambre

conserven

conservas

waspoeder

detergente en polvo

snoep

dulces

huishoudproducten

artículos domésticos

schoonmaakproducten

productos de limpieza

verkoopster

vendedora

kassa

caja

kassier

cajero

boodschappenlijstje

lista de compras

openingstijden

horario de atención

portefeuille

cartera

kredietkaart

tarjeta de crédito

tas

maleta

plastieken zakje

bolsa plástica

drankjes
bebida

water

agua

sap

jugo

melk

leche

cola

refresco de cola

wijn

vino

bier

cerveza

alcohol

alcohol

cacao

cacao

thee

té

koffie

café

espresso

espresso

cappuccino

cappuccino

banaan

banana

appel

manzana

sinaasappel

naranja

meloen

sandía

citroen

limón

wortel

zanahoria

knoflook

ajo

bamboe

bambú

ajuin

cebolla

champignon

seta

noten

nueces

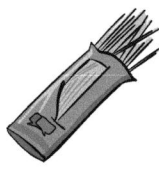

noodles

fideos

spaghetti

espagueti

rijst

arroz

salade

ensalada

frieten

patatas fritas

gebakken aardappelen

patatas salteadas

pizza

pizza

hamburger

hamburguesa

sandwich

sándwich

kalfslapje

escalope

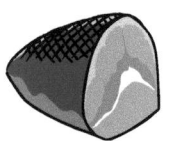

ham

jamón

salami

salame

worst

embutido

kip

pollo

braden

asado

vis

pescado

havervlokken

copos de avena

muesli

musli

cornflakes

copos de maíz tostado

bloem

harina

croissant

croissant

pistolet

panecillo

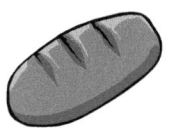

brood

pan

toast

tostada

koekjes

galletas

boter

mantequilla

kwark

cuajada

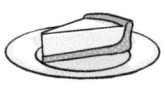

taart

pastel

ei

huevo

spiegelei

huevo frito

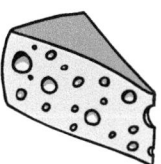

kaas

queso

ijs

helado

suiker

azúcar

honing

miel

confituur

mermelada

choco

praliné

curry

curry

eten - comida

boerderij
granja

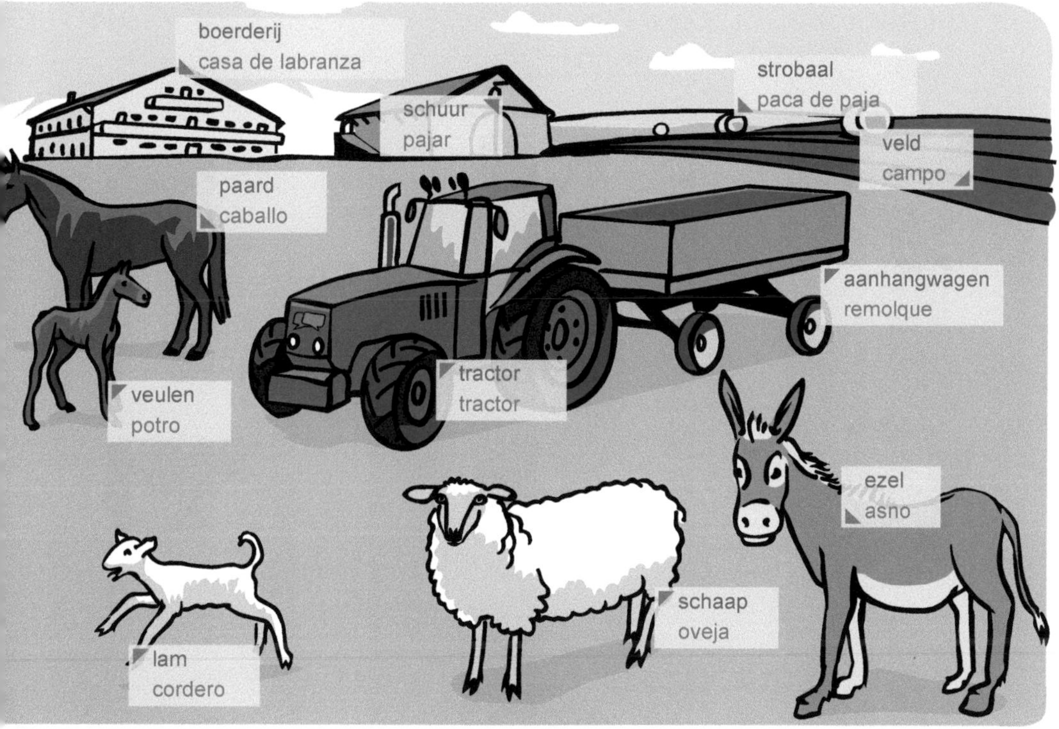
boerderij
casa de labranza
schuur
pajar
strobaal
paca de paja
veld
campo
paard
caballo
aanhangwagen
remolque
tractor
tractor
veulen
potro
ezel
asno
schaap
oveja
lam
cordero

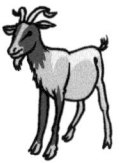

geit

cabra

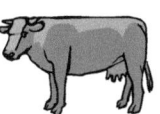

koe

vaca

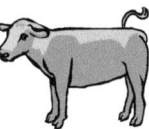

kalf

ternero

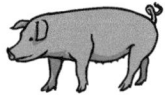

varken

cerdo

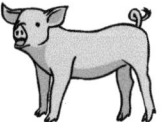

biggetje

lechón

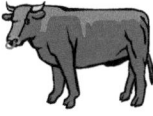

stier

toro

gans

ganso

eend

pato

kuiken

polluelo

kip

pollo

haan

gallo

rat

rata

kat

gato

muis

ratón

os

buey

hond

perro

hondenhok

caseta del perro

tuinslang

manguera de riego

gieter

regadera

zeis

guadaña

ploeg

arado

sikkel

hoz

schoffel

azada

hooivork

bieldo

bijl

hacha

kruiwagen

carretilla

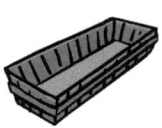

trog

abrevadero

melkkan

lechera

zak

saco

hek

cerca

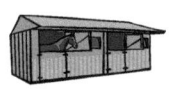

stal

establo

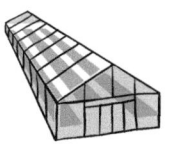

broeikas

invernadero

bodem

suelo

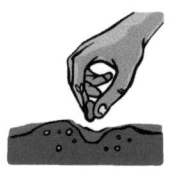

zaad

semilla

mest

fertilizante

maaidorser

cosechadora

oogsten

cosechar

oogst

cosecha

yam

raíz de ñame

tarwe

trigo

soja

soja

aardappel

patata

maïs

maíz

koolzaad

colza

fruitboom

Árbol frutal

maniok

mandioca

graan

cereales

huis
casa

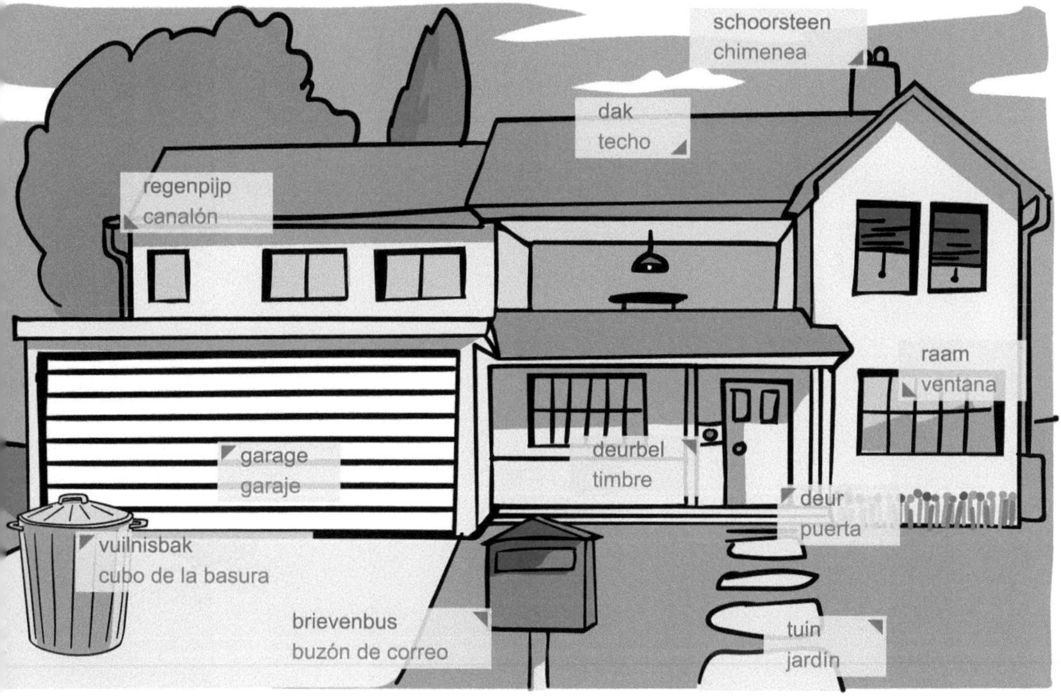
schoorsteen
chimenea
dak
techo
regenpijp
canalón
raam
ventana
garage
garaje
deurbel
timbre
deur
puerta
vuilnisbak
cubo de la basura
brievenbus
buzón de correo
tuin
jardín

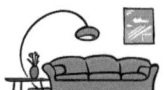

woonkamer

cuarto de estar

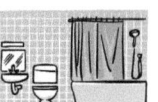

badkamer

cuarto de baño

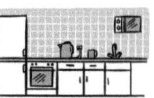

keuken

cocina

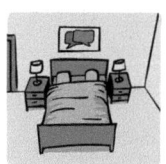

slaapkamer

dormitorio

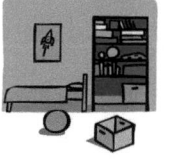

kinderkamer

cuarto de los niños

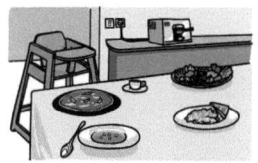

eetkamer

comedor

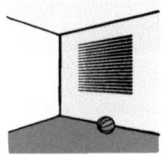

vloer

piso

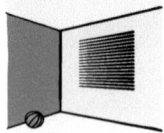

muur

pared

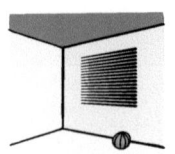

plafond

cielorraso

kelder

sótano

sauna

sauna

balkon

balcón

terras

terraza

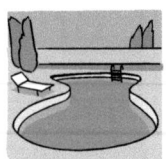

zwembad

piscina

grasmaaier

cortacésped

dekbedovertrek

funda nórdica

dekbed

edredón

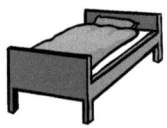

bed

cama

bezem

escoba

emmer

cubo

schakelaar

interruptor

woonkamer
cuarto de estar

behangpapier
papel para empapelar
foto
imagen
lamp
lámpara
schap
estante
kast
gabinete
televisie
televisor
open haard
hogar
bloem
flor
kussen
cojín
sofa
sofá
vaas
florero
afstandsbediening
control remoto

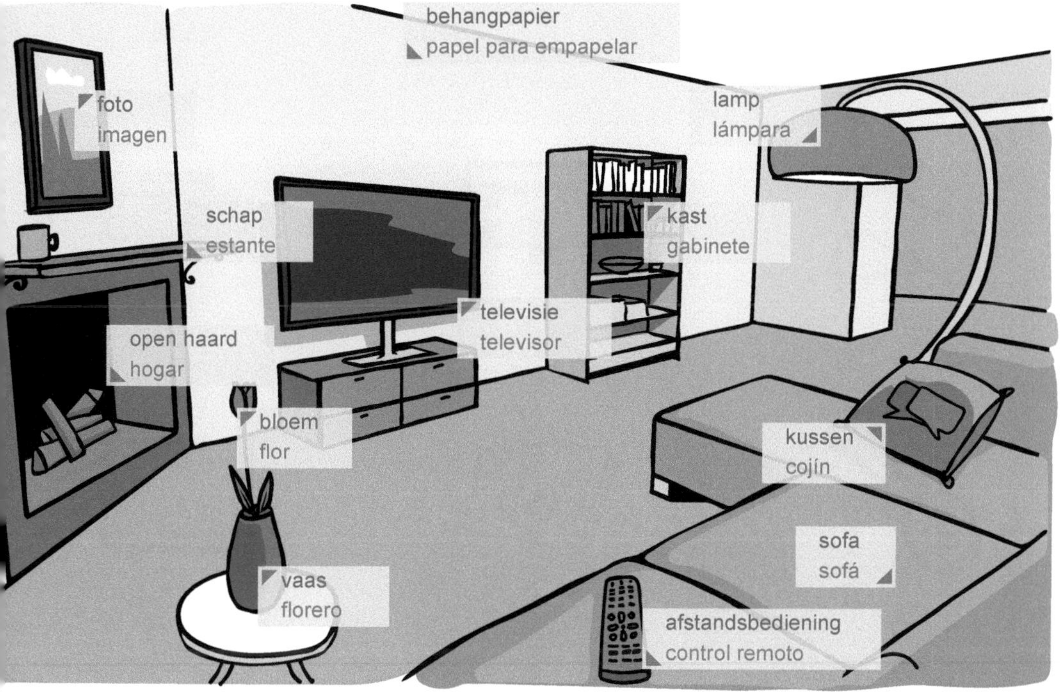

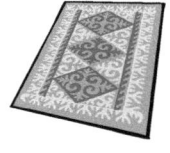

mat

alfombra

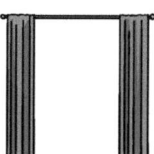

gordijn

cortina

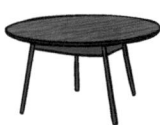

tafel

mesa

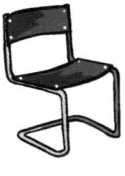

stoel

silla

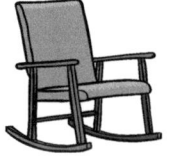

schommelstoel

mecedora

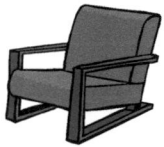

fauteuil

sillón

boek

libro

deken

frazada

decoratie

decoración

brandhout

leña

film

film

stereo-installatie

equipo estereofónico

sleutel

llave

krant

periódico

schilderij

cuadro

poster

póster

radio

radio

notitieboekje

bloc de notas

stofzuiger

aspiradora

cactus

cactus

kaars

vela

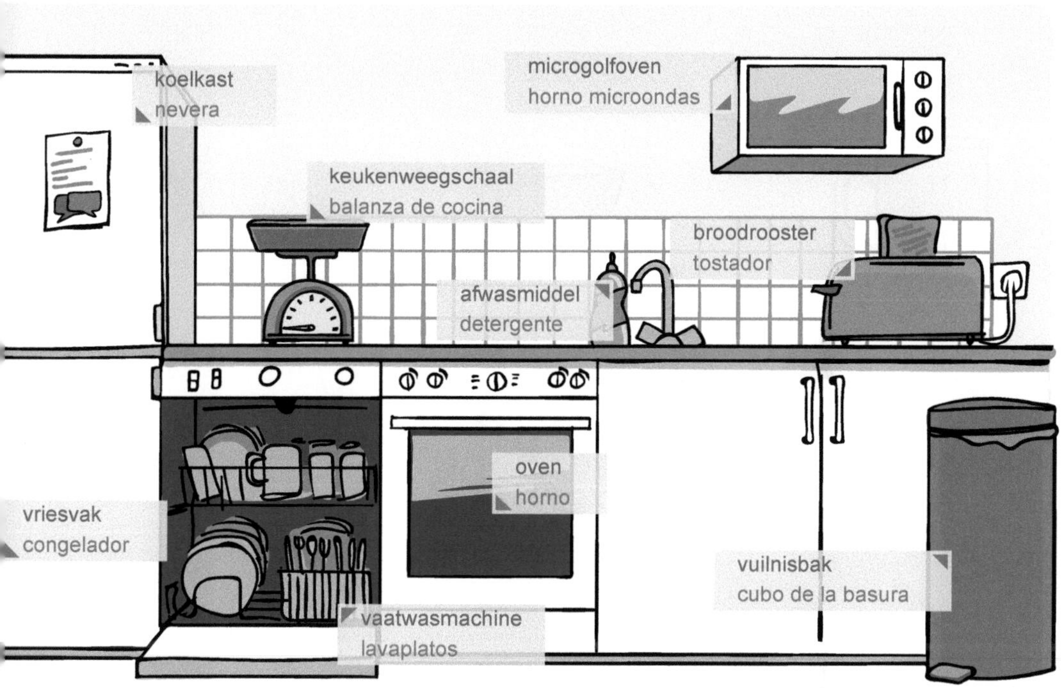

koelkast
nevera

microgolfoven
horno microondas

keukenweegschaal
balanza de cocina

broodrooster
tostador

afwasmiddel
detergente

oven
horno

vriesvak
congelador

vuilnisbak
cubo de la basura

vaatwasmachine
lavaplatos

fornuis

cocina

pot

olla

gietijzeren pot

olla de fundición de hierro

wok / kadai

wok / kadai

pan

sartén

waterkoker

hervidor de agua

stoomkoker

olla de vapor

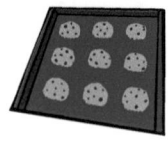

bakplaat

bandeja de horno

servies

vajilla

mok

vaso

kom

bol

eetstokjes

palillos para comer

pollepel

cucharón de sopa

spatel

espátula

garde

batidor

vergiet

colador

zeef

cedazo

rasp

rallador

mortier

mortero

barbecue

parrillada

haardvuur

fogata

snijplank

tabla de picar

deegrol

rodillo

kurkentrekker

sacacorchos

blik

lata

blikopener

abrelatas

pannenlap

agarrador

gootsteen

fregadero

borstel

cepillo

spons

esponja

blender

batidora

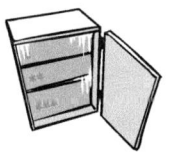

vriezer

arcón congelador

papfles

biberón

kraan

grifo

badkamer

cuarto de baño

douche
ducha

verwarming
calefacción

handdoek
toalla

douchegordijn
cortina para ducha

bubbelbad
baño de espuma

badkuip
bañera

glas
vaso

wasmachine
lavadora

tegels
baldosa

kraan
grifo

kinderpo
orinal

gootsteen
fregadero

toilet
cuarto de baño

hurktoilet
placa turca

bidet
bidé

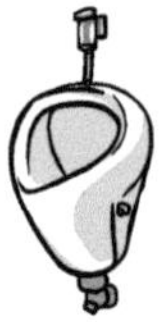

urinoir
urinario

toiletpapier
papel higiénico

toiletborstel
escobilla para el cuarto de baño

tandenborstel

cepillo de dientes

tandpasta

pasta dentífrica

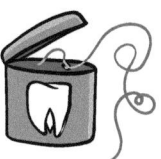

flosdraad

seda dental

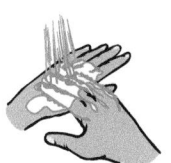

wassen

lavar

handdouche

ducha teléfono

bidethanddouche

ducha higiénica

waskom

cuenco

rugborstel

cepillo para la espalda

zeep

jabón

douchegel

gel de ducha

shampoo

champú

washandje

manopla para baño

afvoer

desagüe

crème

crema

deodorant

desodorante

spiegel

espejo

handspiegel

espejo de maquillaje

scheermes

máquina de afeitar

scheerschuim

espuma de afeitar

aftershave

loción para después del afeitado

kam

peine

borstel

cepillo

haardroger

secador para cabello

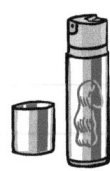

haarlak

laca de peinado

make-up

maquillaje

lippenstift

lápiz labial

nagellak

laca para uñas

watten

algodón

nagelknipper

tijera para uñas

parfum

perfume

toilettas

neceser

kruk

taburete

weegschaal

balanza

badjas

bata de baño

latex handschoenen

guantes de goma

tampon

tampón

maandverband

compresa

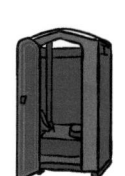

chemisch toilet

wáter químico

kinderkamer

cuarto de los niños

wekker
despertador
knuffel
animal de peluche
speelgoedauto
auto de juguete
rammelaar
sonajero
poppenhuis
casa de muñecas
geschenk
obsequio

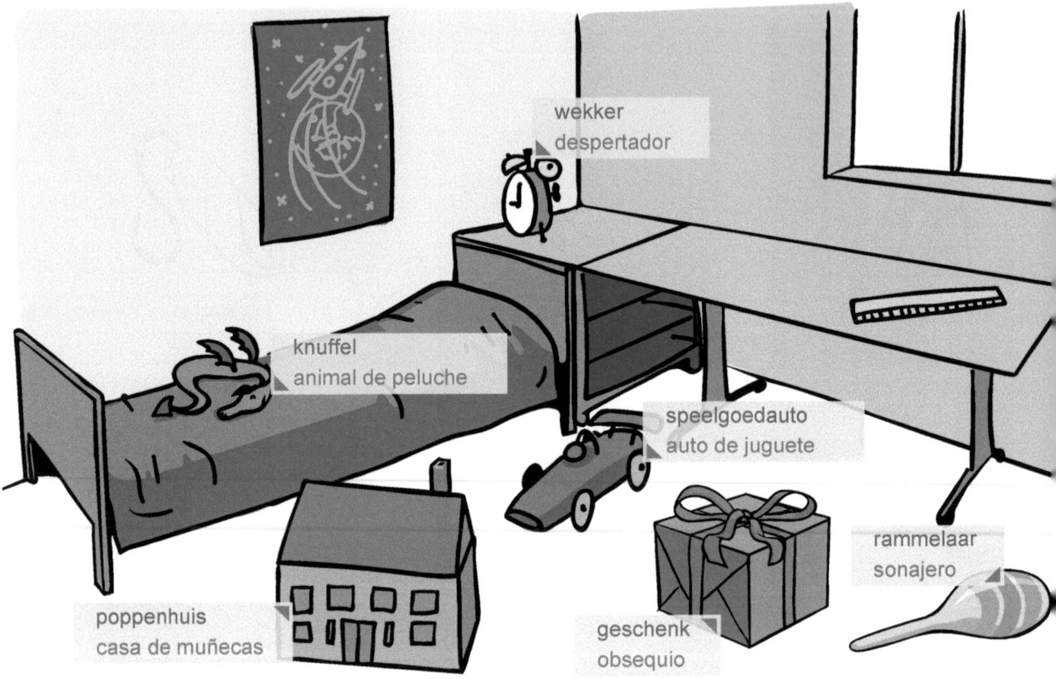

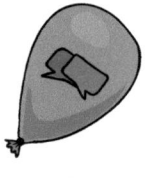

ballon

globo

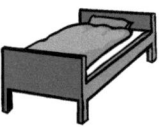

bed

cama

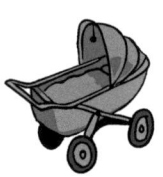

kinderwagen

cochecito para niños

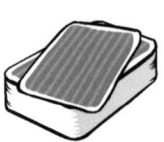

spel kaarten

juego de barajas

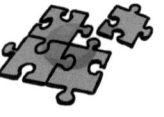

puzzel

rompecabezas

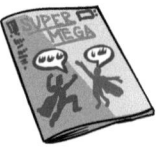

stripboek

cómic

legoblokjes

piezas de Lego

blokken

bloques para jugar

actiefiguur

figura de acción

kruippakje

pijama de una pieza

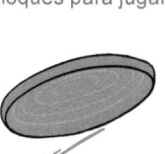

frisbee

frisbee

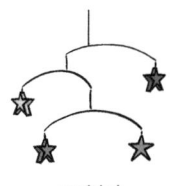

mobiel

móvil

bordspel

juego de mesa

dobbelsteen

dado

modelspoorweg

tren eléctrico a escala

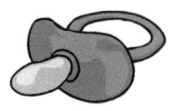

fopspeen

chupete

feest

fiesta

prentenboek

libro de dibujos

bal

pelota

pop

títere

spelen

jugar

zandbak

arenero

schommel

columpio

speelgoed

juguetes

spelconsole

consola de videojuego

driewieler

triciclo

knuffelbeer

osito de peluche

kleerkast

guardarropa

kleding
vestimenta

sokken

calcetines

kousen

medias

maillot

panti

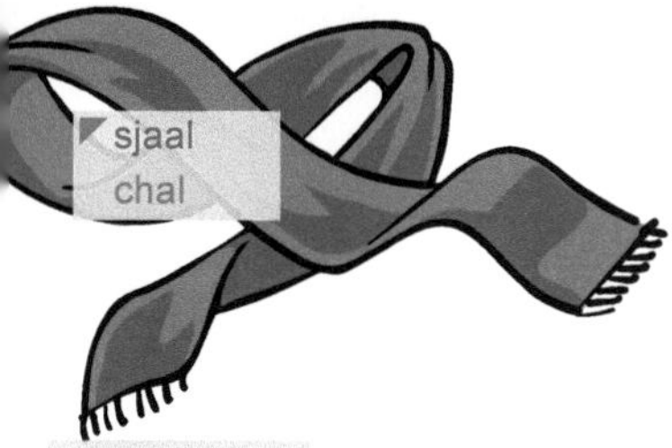

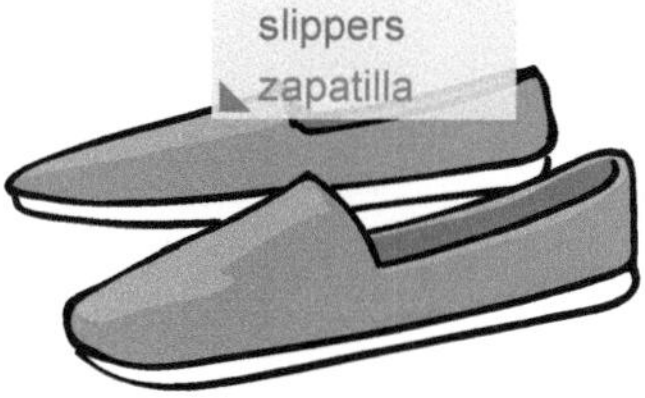

sjaal
chal

paraplu
paraguas

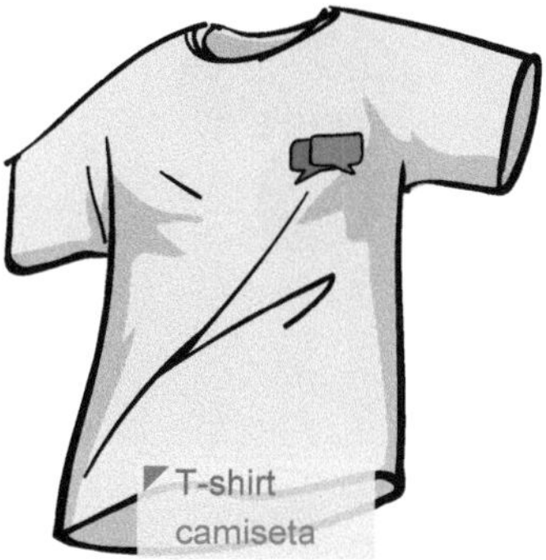

T-shirt
camiseta

riem
cinturón

laarzen
botas

slippers
zapatilla

sneakers
deportivas

sandalen
sandalias

schoenen
zapatos

rubberlaarzen
botas de goma

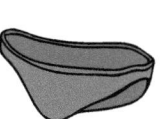

onderbroek
ropa interior

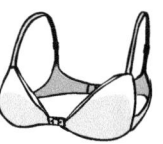

beha
corpiño

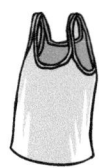

onderhemd
camiseta

lichaam
body

broek
pantalón

jeans
jeans

rok
falda

blouse
blusa

hemd
camisa

trui
pullover

capuchontrui
sweater

blazer
blazer

jas
chaqueta

jas
abrigo

regenjas
impermeable

kostuum
traje chaqueta

jurk
vestido

trouwjurk
vestido de bodas

kleding - vestimenta

pak
traje

nachthemd
camisón

pyjama
pijama

sari
sari

hoofddoek
pañuelo de cabeza

tulband
turbante

boerka
burka

kaftan
caftán

abaya
abaya

badpak
traje de baño

zwembroek
bañador

short
shorts

trainingspak
chándal

schort
delantal

handschoenen
guante

knoop

botón

bril

gafa

armband

brazalete

ketting

cadena

ring

anillo

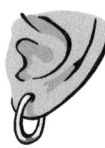

oorbel

aro

pet

gorra

kapstok

percha

hoed

sombrero

das

corbata

rits

cierre a cremallera

helm

casco

bretellen

tiradores

schooluniform

uniforme escolar

uniform

uniforme

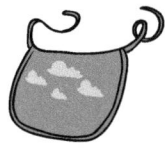

slabbetje

babero

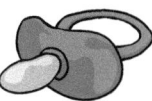

fopspeen

chupete

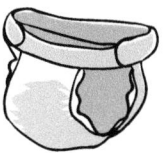

luier

pañal

kantoor
oficina

server
servidor
dossierkast
archivador
printer
impresora
papier
papel
monitor
monitor
muis
ratón
bureau
escritorio
map
carpeta
toestenbord
teclado
papiermand
cesto de papeles
computer
ordenador
stoel
silla

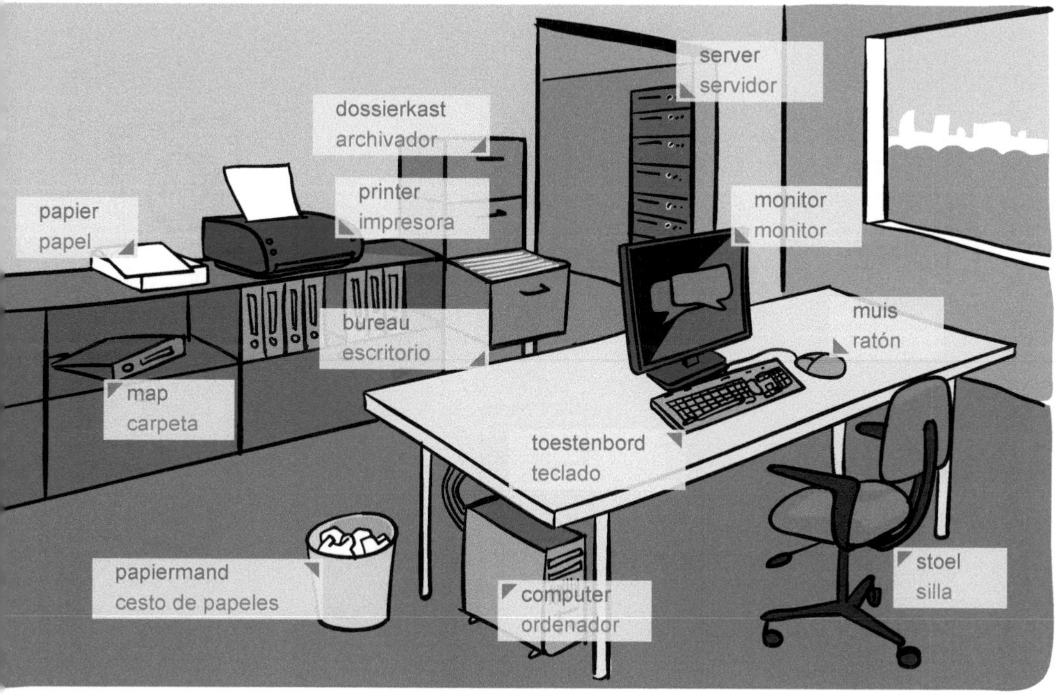

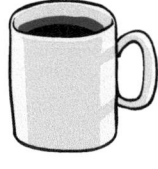

koffiemok

taza de café

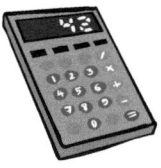

rekenmachine

calculadora

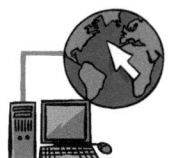

internet

internet

laptop

laptop

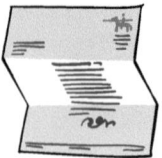

brief

carta

bericht

mensaje

gsm

teléfono móvil

netwerk

red

kopieerapparaat

fotocopiadora

software

software

telefoon

teléfono

stopcontact

tomacorriente

fax

máquina de fax

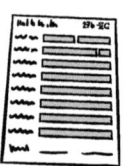

formulier

formulario

document

documento

kopen
....
comprar

betalen
....
pagar

handelen
....
comerciar

geld
....
dinero

dollar
....
dólar

euro
....
euro

yen
....
yen

roebel
....
rublo

Zwitserse frank
....
franco

Chinese renminbi
....
renminbi

roepie
....
rupia

geldautomaat
....
cajero automático

wisselkantoor

casa de cambio

goud

oro

zilver

plata

olie

petróleo

energie

energía

prijs

precio

contract

contrato

belasting

impuesto

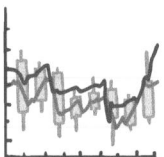

aandeel

acción

werken

trabajar

werknemer

empleado

werkgever

empleador

fabriek

fábrica

winkel

negocio

beroepen
ocupaciones

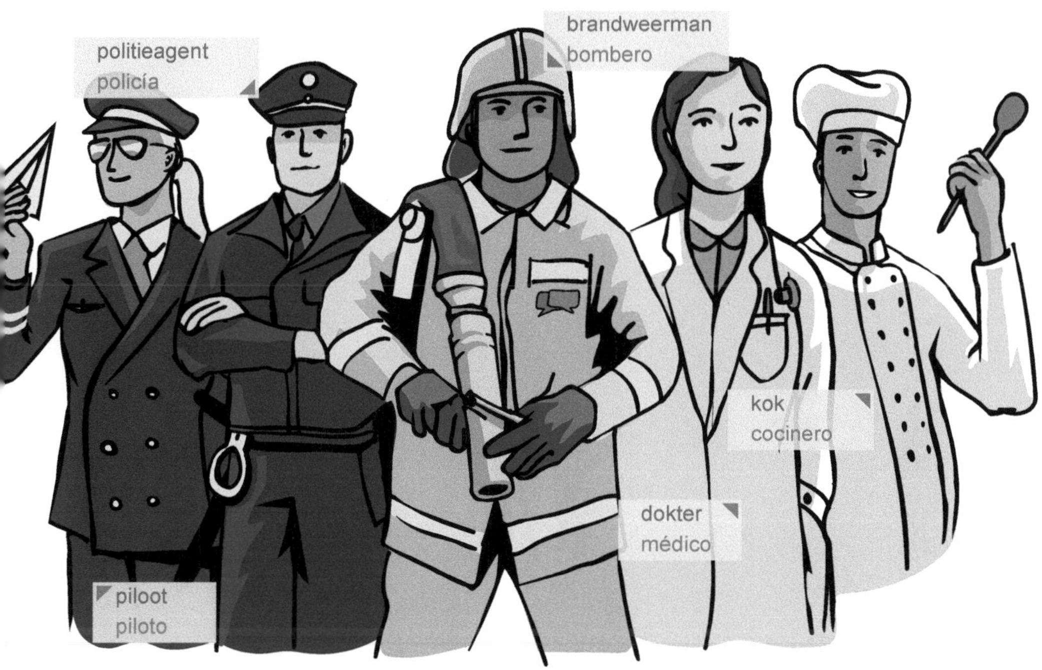

brandweerman
bombero
politieagent
policía
kok
cocinero
dokter
médico
piloot
piloto

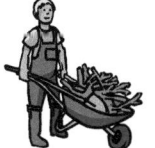

tuinman

jardinero

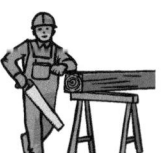

timmerman

carpintero

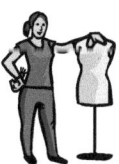

naaister

costurera

rechter

juez

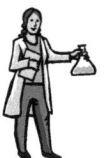

chemicus

químico

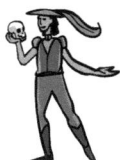

acteur

actor

buschauffeur

conductor de autobús

taxichauffeur

taxista

visser

pescador

schoonmaakster

mujer de la limpieza

dakdekker

techista

ober

camarero

jager

cazador

schilder

pintor

bakker

panadero

elektricien

electricista

bouwvakker

albañil

ingenieur

ingeniero

slager

carnicero

loodgieter

fontanero

postbode

cartero

beroepen - ocupaciones

soldaat

soldado

architect

arquitecto

kassier

cajero

bloemist

florista

kapper

peluquero

conducteur

cobrador

mecanicien

mecánico

kapitein

capitán

tandarts

odontólogo

wetenschapper

científico

rabbijn

rabino

imam

imam

monnik

monje

geestelijke

párroco

werktuigen
herramientas

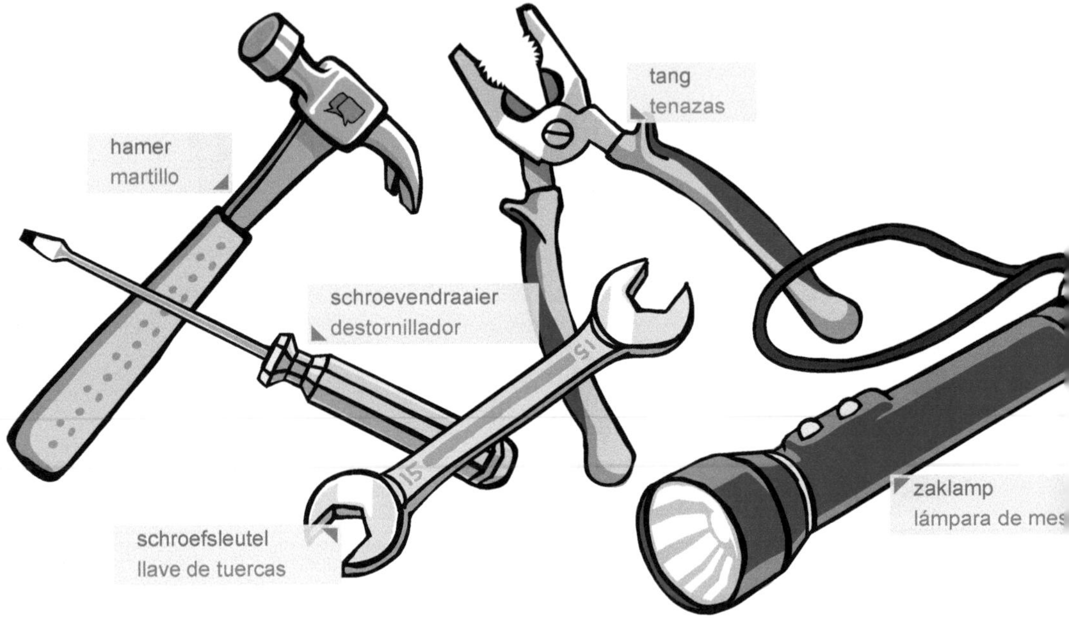
hamer
martillo
tang
tenazas
schroevendraaier
destornillador
zaklamp
lámpara de me
schroefsleutel
llave de tuercas

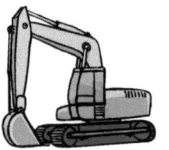

graafmachine

excavadora

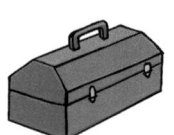

gereedschapskoffer

caja de herramientas

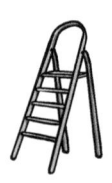

ladder

escalerilla

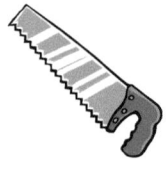

zaag

serrucho

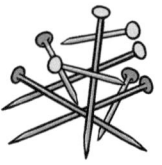

spijkers

clavos

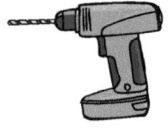

boormachine

taladro

repareren
....
reparar

schop
....
pala

Verdomme!
....
¡Maldición!

blik
....
recogedor

verfpot
....
lata de pintura

schroeven
....
tornillos

muziekinstrumenten
instrumentos musicales

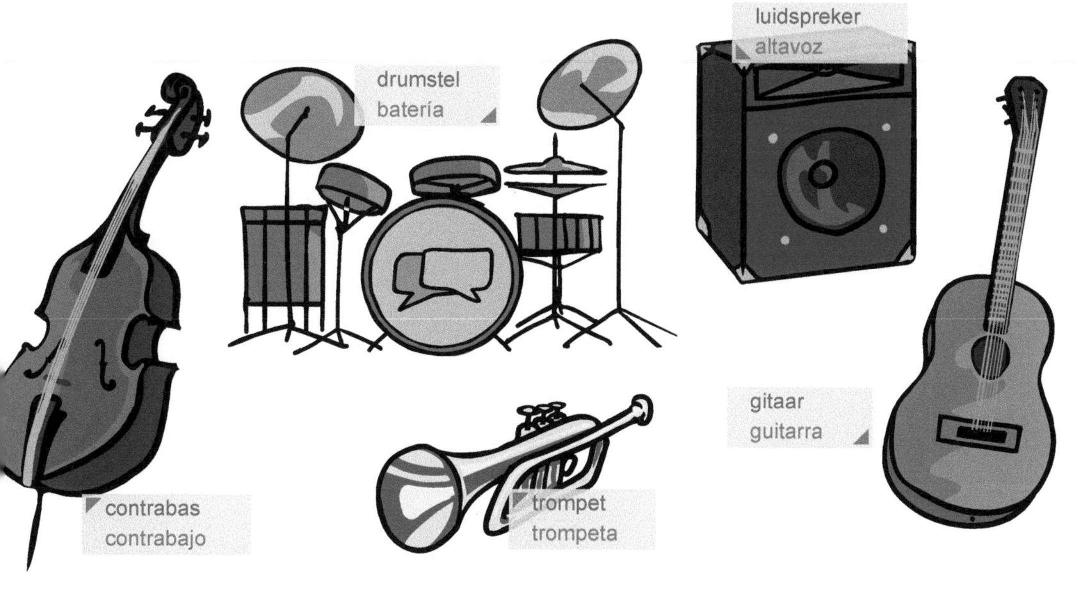

luidspreker
altavoz

drumstel
batería

gitaar
guitarra

contrabas
contrabajo

trompet
trompeta

piano

piano

viool

violín

basgitaar

bajo

pauk

timbales

trommels

tambor

keyboard

teclado

saxofoon

saxofón

fluit

flauta

microfoon

micrófono

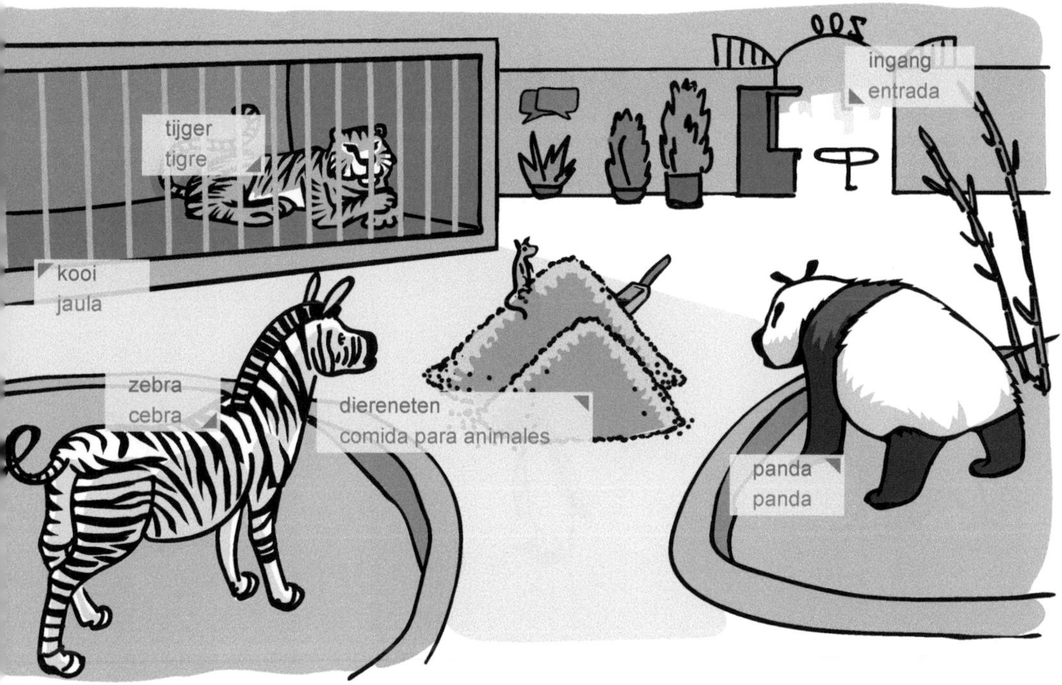

ingang
entrada

tijger
tigre

kooi
jaula

zebra
cebra

diereneten
comida para animales

panda
panda

dieren

animales

olifant

elefante

kangoeroe

canguro

neushoorn

rinoceronte

gorilla

gorila

beer

oso

kameel

camello

struisvogel

avestruz

leeuw

león

aap

mono

flamingo

flamengo

papegaai

papagayo

ijsbeer

oso polar

pinguïn

pingüino

haai

tiburón

pauw

pavo real

slang

serpiente

krokodil

cocodrilo

dierenverzorger

cuidador del zoológico

zeehond

foca

jaguar

jaguar

pony
pony

luipaard
leopardo

nijlpaard
hipopótamo

giraffe
jirafa

adelaar
águila

wild zwijn
jabalí

vis
pescado

zeeschildpad
tortuga

walrus
morsa

vos
zorro

gazelle
gacela

rugby
fútbol americano

wielrennen
ciclismo

tennis
tenis

basketbal
baloncesto

zwemmen
natación

boksen
boxeo

ijshockey
hockey sobre hielo

voetbal
fútbol

badminton
badminton

atletiek
atletismo

handbal
balonmano

skiën
esquí

polo
polo

activiteiten
actividades

lachen
reír
springen
saltar
knuffelen
abrazar
wandelen
caminar
zingen
cantar
dromen
soñar
bidden
rezar
kussen
besar

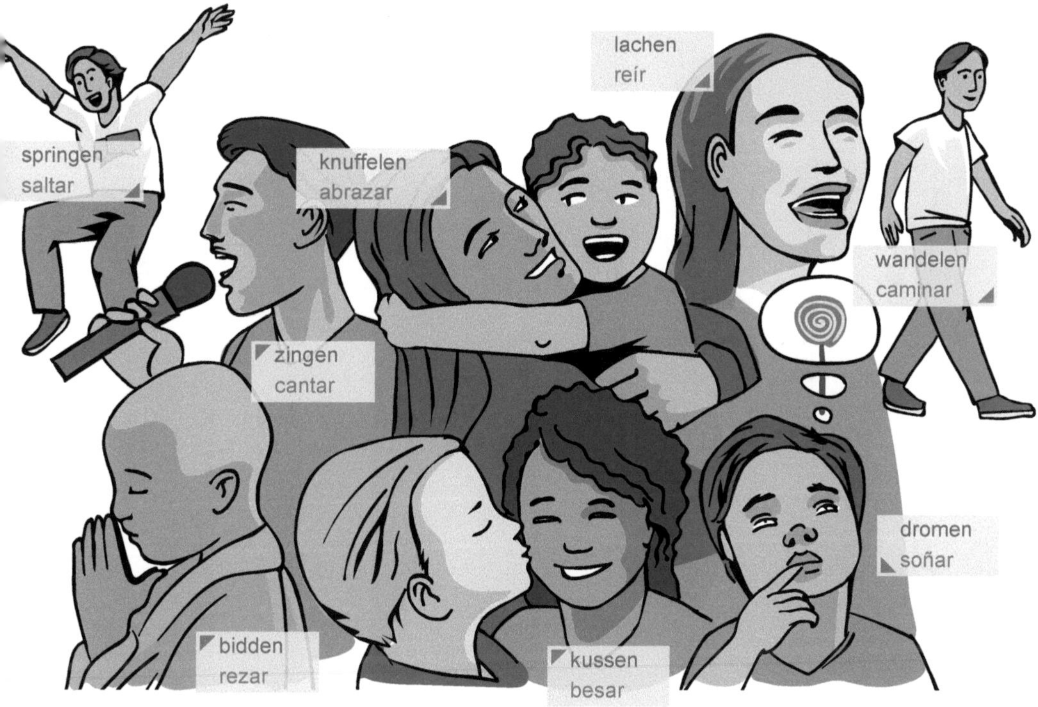

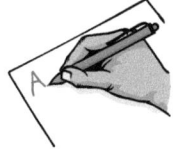

schrijven

escribir

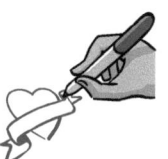

tekenen

dibujar

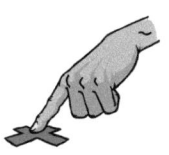

tonen

mostrar

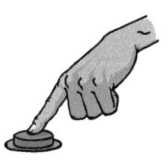

duwen

presionar

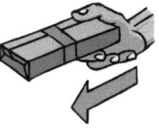

geven

dar

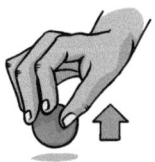

nemen

tomar

hebben

tener

doen

hacer

zijn

ser

staan

estar de pie

lopen

correr

trekken

tirar

gooien

arrojar

vallen

caer

liggen

estar acostado

wachten

esperar

dragen

llevar

zitten

estar sentado

aankleden

vestirse

slapen

dormir

ontwaken

despertar

kijken naar

mirar

wenen

llorar

aaien

acariciar

kammen

peinarse

praten

conversar

begrijpen

entender

vragen

preguntar

luisteren

oír

drinken

beber

eten

comer

opruimen

asear

houden van

amar

koken

cocinar

rijden

conducir

vliegen

volar

zeilen

navegar

rekenen

calcular

Lezen

leer

leren

aprender

werken

trabajar

trouwen

casarse

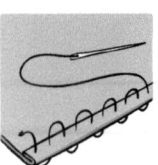

naaien

coser

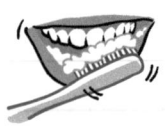

tandenpoetsen

limpiarse los dientes

doden

matar

roken

fumar

sturen

enviar

grootmoeder
abuela

grootvader
abuelo

vader
padre

moeder
madre

baby
bebé

dochter
hija

zoon
hijo

gast

invitado

tante

tía

oom

tío

broer

hermano

zus

hermana

lichaam

cuerpo

voorhoofd
frente
oog
ojo
schouder
hombro
vinger
dedo
gezicht
cara
kin
barbilla
hand
mano
been
pierna
borst
pecho
arm
brazo

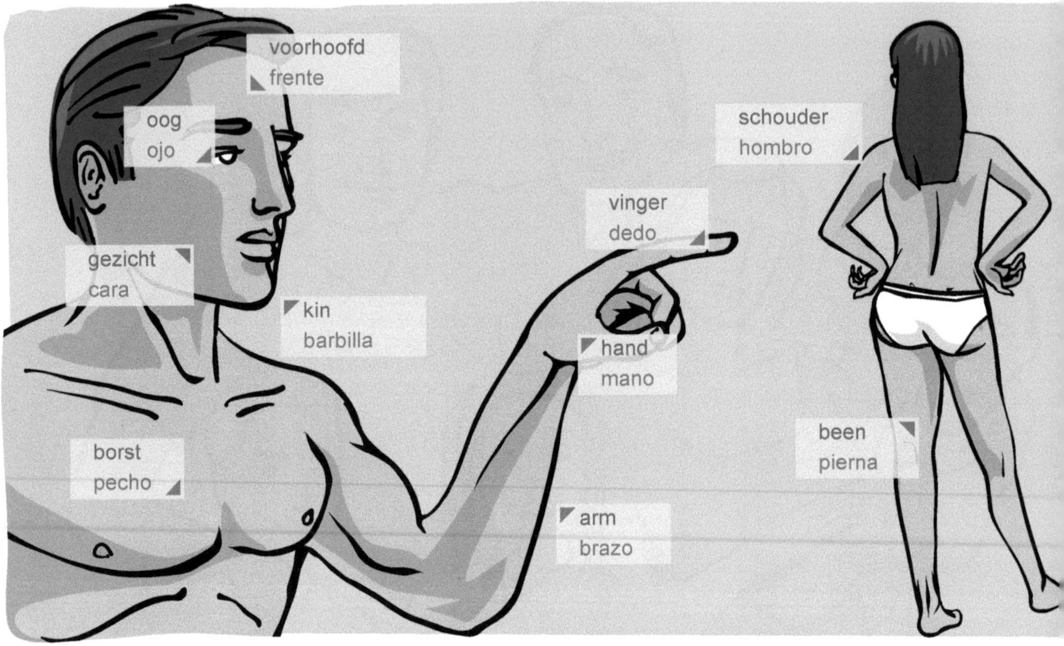

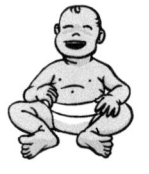

baby

bebé

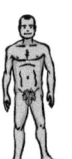

man

hombre

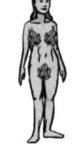

vrouw

mujer

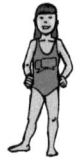

meisje

muchacha

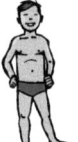

jongen

joven

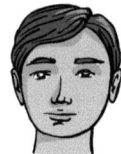

hoofd

cabeza

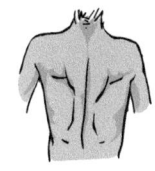

rug
espalda

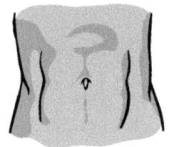

buik
vientre

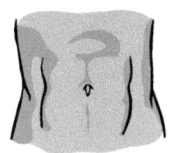

navel
ombligo

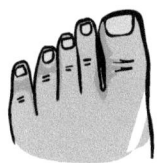

teen
dedo del pie

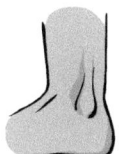

hiel
talón

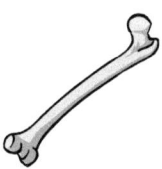

bot
hueso

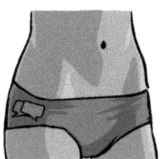

heup
cadera

knie
rodilla

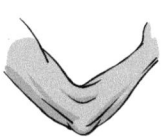

elleboog
codo

neus
nariz

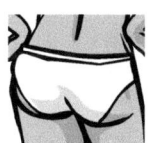

zitvlak
trasero

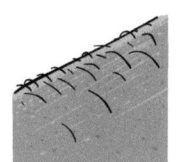

huid
piel

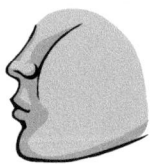

wang
mejilla

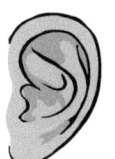

oor
oreja

lip
labio

mond

boca

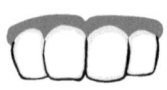

tand

diente

tong

lengua

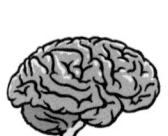

hersenen

cerebro

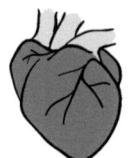

hart

corazón

spier

músculo

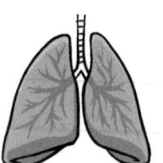

long

pulmón

lever

hígado

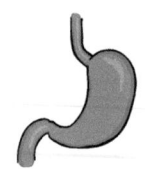

maag

estómago

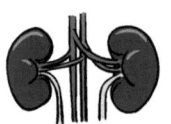

nieren

riñones

seks

relación sexual

condoom

condón

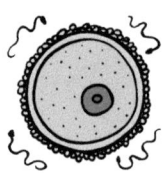

eicel

Óvulo

sperma

esperma

zwangerschap

embarazo

lichaam - cuerpo

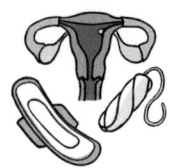

menstruatie
menstruación

vagina
vagina

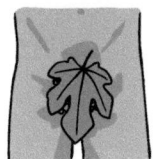

penis
pene

wenkbrauw
ceja

haar
cabello

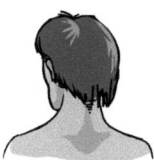

nek
cuello

ziekenhuis

hospital

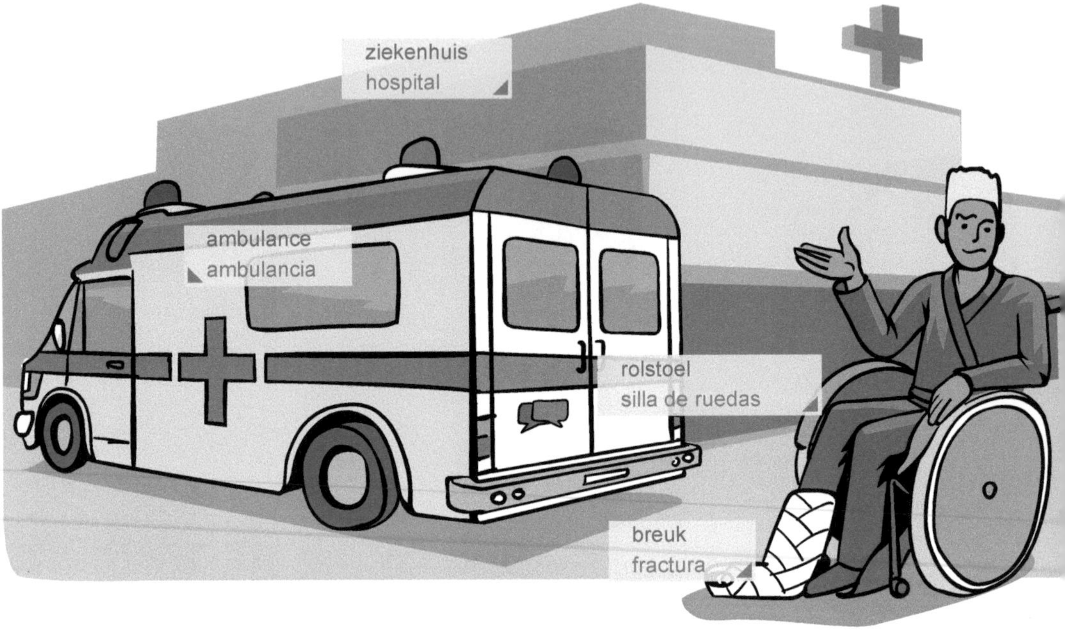

ziekenhuis
hospital
ambulance
ambulancia
rolstoel
silla de ruedas
breuk
fractura

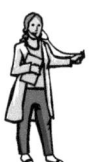

dokter

médico

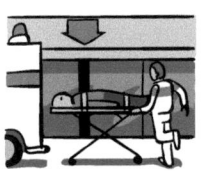

spoed

admisión de urgencia

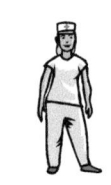

verpleegkundige

enfermera

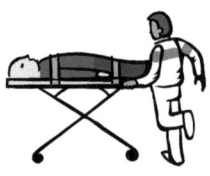

noodgeval

emergencia

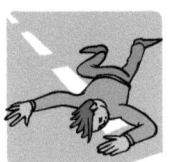

bewusteloos

inconsciente

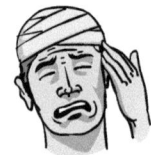

pijn

dolor

verwonding

lesión

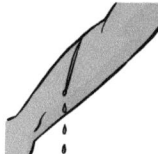

bloeding

hemorragia

hartaanval

infarto de miocardio

beroerte

apoplejía cerebral

allergie

alergia

hoest

tos

koorts

fiebre

griep

gripe

diarree

diarrea

hoofdpijn

dolor de cabeza

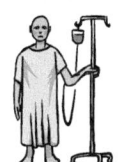

kanker

cáncer

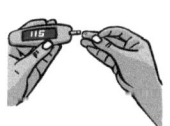

diabetes

diabetes

chirurg

cirujano

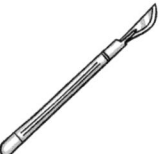

scalpel

escalpelo

operatie

operación

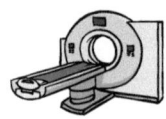

CT

TC

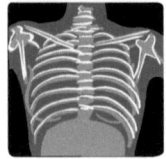

röntgenstraal

rayos X

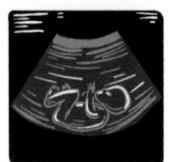

ultrageluid

ultrasonido

gezichtsmasker

máscara

ziekte

enfermedad

wachtkamer

sala de espera

kruk

muleta

pleister

emplasto

verband

vendaje

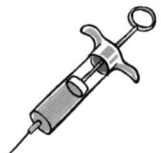

injectie

inyección

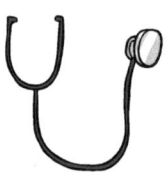

stethoscoop

estetoscopio

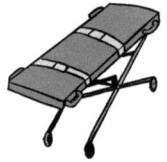

brancard

camilla

thermometer

termómetro

geboorte

nacimiento

overgewicht

sobrepeso

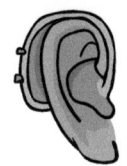

hoorapparaat
audífono

ontsmettingsmiddel
desinfectante

infectie
infección

virus
virus

HIV / AIDS
VIH / SIDA

medicijn
medicina

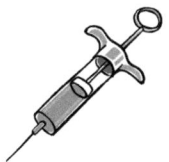

vaccinatie
vacunación

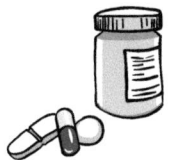

tabletten
comprimido

pil
píldora anticonceptiva

noodoproep
llamada de emergencia

bloeddrukmeter
medidor de presión arterial

ziek / gezond
enfermo / saludable

Help!

¡Ayuda!

alarm

alarma

overval

asalto

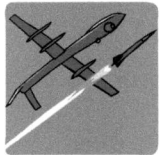

aanval

ataque

gevaar

peligro

nooduitgang

salida de emergencia

Brand!

¡Fuego!

brandblusser

extintor

ongeval

accidente

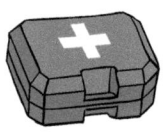

EHBO-kit

kit de primeros auxilios

SOS

SOS

politie

Policía

Europa

Europa

Noord-Amerika

América del Norte

Zuid-Amerika

América del Sur

Afrika

África

Azië

Asia

Australië

Australia

Atlantische Oceaan

Atlántico

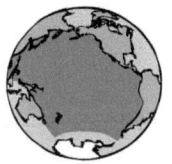

Stille Oceaan

Pacífico

Indische Oceaan

Océano Índico

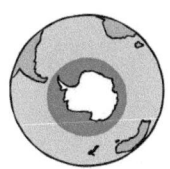

Antarctische Oceaan

Océano Antártico

Arctische Oceaan

Océano Ártico

Noordpool

Polo Norte

Zuidpool

Polo Sur

Antarctica

Antártida

aarde

Tierra

land

país

zee

mar

eiland

isla

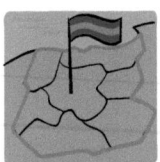

natie

nación

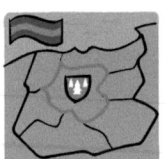

staat

Estado

wijzerplaat

cuadrante

uurwijzer

horario

minuutwijzer

minutero

secondewijzer

segundero

Hoe laat is het?

¿Qué hora es?

dag

día

tijd

tiempo

nu

ahora

digitale horloge

reloj digital

minuut

minuto

uur

hora

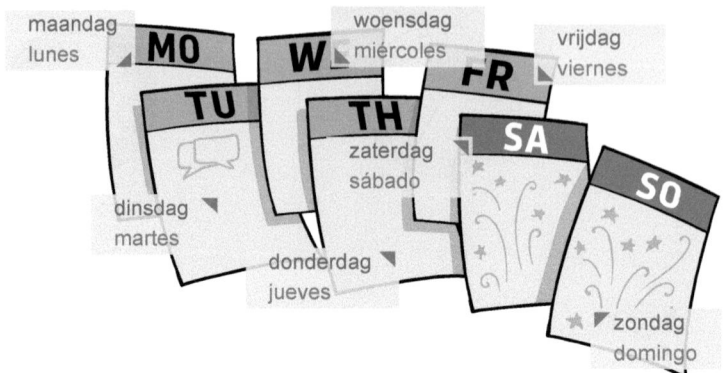

maandag / lunes
woensdag / miércoles
vrijdag / viernes
dinsdag / martes
donderdag / jueves
zaterdag / sábado
zondag / domingo

gisteren
ayer

vandaag
hoy

morgen
mañana

ochtend
mañana

middag
mediodía

avond
tarde

werkdagen
jornada de trabajo

weekend
fin de semana

jaar
año

regen
lluvia
regenboog
arco iris
wind
viento
sneeuw
nieve
lente
primavera
herfst
otoño
zomer
verano
winter
invierno

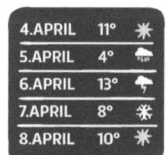

4.APRIL 11°
5.APRIL 4°
6.APRIL 13°
7.APRIL 8°
8.APRIL 10°

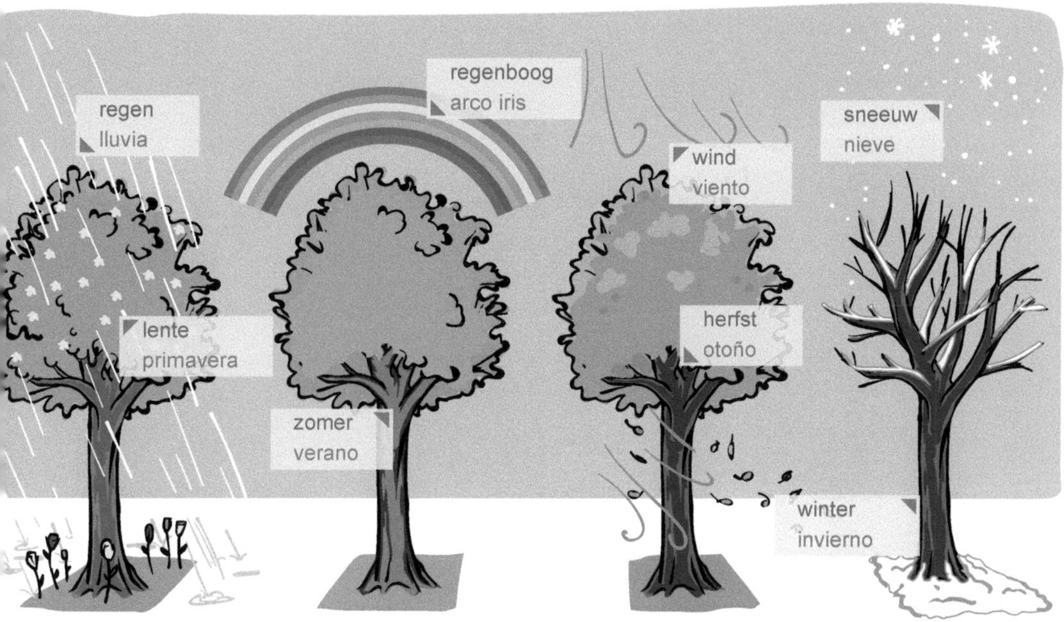

weervoorspelling

pronóstico meteorológico

F
C
120
90
60
30
0
-30
40
30
20
10
0
-10
-20

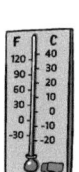

thermometer

termómetro

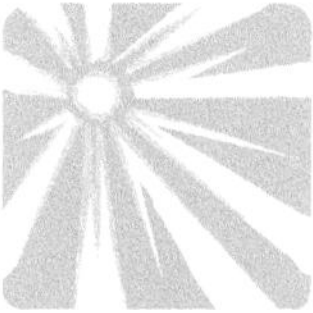

zonneschijn

luz solar

wolk

nube

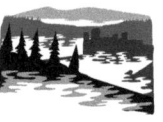

mist

niebla

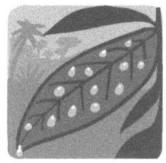

vochtigheid

humedad ambiente

bliksem

relámpago

donder

trueno

storm

tormenta

hagel

granizo

moesson

monzón

overstroming

inundación

ijs

hielo

januari

enero

februari

febrero

maart

marzo

april

abril

mei

mayo

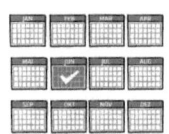

juni

junio

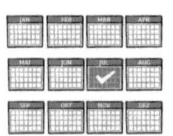

juli

julio

augustus

agosto

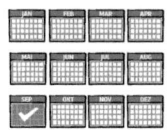

september
....
septiembre

oktober
....
octubre

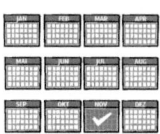

november
....
noviembre

december
....
diciembre

cirkel
....
círculo

kwadraat
....
cuadrado

rechthoek
....
rectángulo

driehoek
....
triángulo

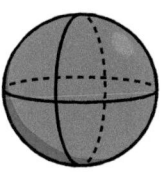

bol
....
esfera

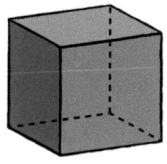

kubus
....
cubo

wit

blanco

geel

amarillo

oranje

anaranjado

roze

rosa

rood

rojo

paars

lila

blauw

azul

groen

verde

bruin

marrón

grijs

gris

zwart

negro

veel / weinig

mucho / poco

boos / kalm

enojado / calmado

mooi / lelijk

bonito / feo

begin / einde

comienzo / fin

groot / klein

grande / pequeño

licht / donker

claro / oscuro

broer / zus

hermano / hermana

proper / vuil

limpio / sucio

volledig / onvolledig

completo / incompleto

dag / nacht

día / noche

dood / levend

muerto / vivo

breed / smal

ancho / angosto

eetbaar / oneetbaar

disfrutable / no disfrutable

kwaadaardig / vriendelijk

malo / amigable

opgewonden / verveeld

excitado / aburrido

dik / dun

gordo / delgado

eerst / laatst

primero / último

vriend / vijand

amigo / enemigo

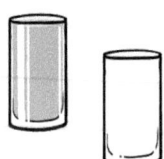

vol / leeg

lleno / vacío

hard / zacht

duro / suave

zwaar / licht

pesado / liviano

honger / dorst

hambre / sed

ziek / gezond

enfermo / saludable

illegaal / legaal

ilegal / legal

intelligent / dom

inteligente / tonto

links / rechts

izquierda / derecha

dichtbij / veraf

cercano / lejano

nieuw / gebruikt
....
nuevo / usado

niets / iets
....
nada / algo

oud / jong
....
viejo / joven

aan / uit
....
encendido / apagado

open / dicht
....
abierto / cerrado

stil / luid
....
bajo / fuerte

rijk / arm
....
rico / pobre

juist / fout
....
correcto / incorrecto

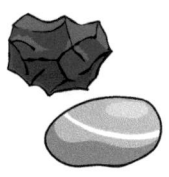

ruw / glad
....
áspero / liso

droevig / blij
....
triste / alegre

kort / lang
....
breve / extenso

traag / snel
....
lento / veloz

nat / droog
....
mojado / seco

warm / koud
....
caliente / frío

oorlog / vrede
....
guerra / paz

cijfers
números

0

nul
cero

1

één
uno

2

twee
dos

3

drie
tres

4

vier
cuatro

5

vijf
cinco

6

zes
seis

7

zeven
siete

8

acht
ocho

9

negen
nueve

10

tien
diez

11

elf
once

12

twaalf

doce

13

dertien

trece

14

veertien

catorce

15

vijftien

quince

16

zestien

dieciséis

17

zeventien

diecisiete

18

achtien

dieciocho

19

negentien

diecinueve

20

twintig

veinte

100

honderd

cien

1.000

duizend

mil

1.000.000

miljoen

millón

cijfers - números

Talen

idiomas

Engels

inglés

Amerikaans Engels

inglés estadounidense

Chinees (Mandarijn)

chino mandarín

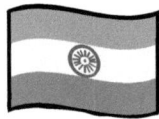

Hindi

hindi

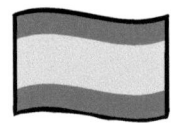

Spaans

español

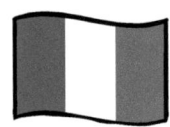

Frans

francés

Arabisch

árabe

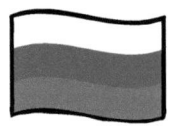

Russisch

ruso

Portugees

portugués

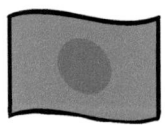

Bengali

bengalí

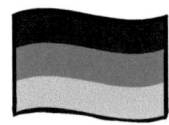

Duits

alemán

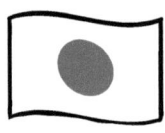

Japans

japonés

ik
yo

u
tú

hij / zij / het
él / ella

wij
nosotros

u
vosotros

ze
ellos

wie?
¿quién?

wat?
¿qué?

hoe?
¿cómo?

waar?
¿dónde?

wanneer?
¿cuándo?

naam
nombre

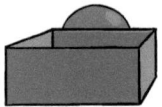

achter

detrás

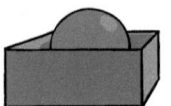

in

en

voor

delante de

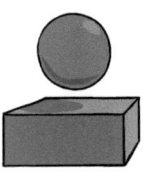

boven

encima de

op

sobre

onder

debajo de

naast

junto a

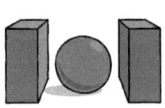

tussen

entre

plaats

lugar